8° F Pièce
1767

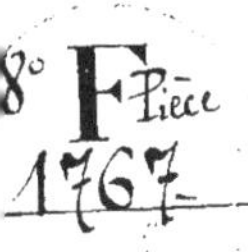

SYNDICAT DE LA PROPRIÉTÉ LITTÉRAIRE ET ARTISTIQUE

LES

TRAITÉS DE COMMERCE

ET LES

CONVENTIONS LITTÉRAIRES

RAPPORT PRÉSENTÉ PAR M. R. LAVOLLÉE

DANS LA SÉANCE DE JANVIER 1891

PARIS

CERCLE DE LA LIBRAIRIE, DE L'IMPRIMERIE

DE LA PAPETERIE, ETC.

117, BOULEVARD SAINT-GERMAIN, 117

M DCCC XCI

LES

TRAITÉS DE COMMERCE

ET LES
CONVENTIONS LITTÉRAIRES.

NOTE

Sur la situation qui pourrait être faite à la France, au point de vue littéraire et artistique, en cas de dénonciation de nos traités de commerce.

Janvier 1891.

Le Syndicat s'est préoccupé, à juste titre, des conséquences que pourraient avoir pour les intérêts des auteurs, artistes et éditeurs français à l'étranger, la dénonciation éventuelle et le non-renouvellement des traités de commerce qui lient actuellement la France à diverses Puissances européennes.

On a craint, en effet, que la rupture de ces liens commerciaux et le relèvement de notre tarif des douanes provoquent des représailles de la part des États intéressés, et que ceux qui ont avec nous des conventions littéraires cherchent, en les dénonçant, à nous atteindre dans nos intérêts littéraires, généralement plus considérables à l'étranger que ceux des étrangers en France.

Pour se rendre compte exactement du fondement que peuvent avoir ces appréhensions, il convient de déterminer avec précision :

1° Quels sont les pays ayant avec la France des traités de commerce ;

2° Quels sont ceux de ces pays qui ont conclu avec nous des conventions littéraires susceptibles d'être dénoncées en même temps que les traités de commerce ;

3° Quels sont ceux vis-à-vis desquels la convention d'union signée à Berne, en 1886, nous donnerait dans cette hypothèse des garanties ; quelles seraient la nature et l'étendue de ces garanties ;

4° Quelles différences de traitement pourraient résulter pour nous de la substitution de la Convention de Berne aux conventions particulières, ou même de la dénonciation de la convention d'union par quelques-uns des États contractants, et de la substitution de leurs législations intérieures au régime établi à Berne ;

5° Enfin, quelles seraient les conséquences d'une dénonciation éventuelle de nos conventions littéraires et artistiques par ceux des États étrangers qui ne sont pas signataires de la Convention de Berne, mais qui ont avec nous des traités de commerce expirant en 1892.

Nous allons brièvement examiner chacune de ces questions.

PREMIÈRE QUESTION

Quels sont les pays ayant avec la France des traités
de commerce suivis de tarifs conventionnels ?

Ces pays sont les suivants :

BELGIQUE. — Traité du 31 octobre 1881, expirant le 1ᵉʳ février 1892.

PORTUGAL. — Traité du 19 décembre 1881, à la même échéance.

SUÈDE ET NORVÈGE. — Traité du 30 décembre 1881, à la même échéance.

ESPAGNE. — Traité du 6 février 1882, à la même échéance.

SUISSE. — Traité du 28 février 1882, à la même échéance.

PAYS-BAS. — Convention du 19 avril 1884, pouvant être dénoncée à toute époque et devant prendre fin dans le délai d'un an à partir de sa dénonciation.

Tels sont actuellement les seuls pays avec lesquels nous

ayons des traités de commerce proprement dits, c'est-à-dire suivis de tarifs conventionnels spéciaux.

Il y a lieu cependant de mentionner en outre :

L'Autriche-Hongrie. — Convention du 18 février 1884, ne stipulant, en matière douanière, que le traitement de la nation la plus favorisée, et pouvant être dénoncée à toute époque, pour prendre fin six mois après sa dénonciation.

La Serbie. — Traité de commerce du 18 janvier 1883, ne stipulant également, en matière douanière, que le traitement de la nation la plus favorisée, et ayant une durée fixe de six années à partir de l'échange des ratifications, c'est-à-dire jusqu'au 18 juillet 1893 et pouvant ensuite se continuer par tacite reconvention jusqu'à l'expiration d'une année à partir du jour où il aura été dénoncé.

La Roumanie. — Arrangement provisoire du 3 janvier 1890, par lequel les deux États se garantissent mutuellement le traitement de la nation la plus favorisée, et qui doit expirer le 28 juin 1891.

La Russie. — Traité du 1er avril 1874, par lequel les deux États se garantissent purement et simplement le traitement mutuel de la nation la plus favorisée, et qui reste valable jusqu'à l'expiration d'une année à partir du jour où il aura été dénoncé.

Ni avec l'Allemagne, ni avec la Grande-Bretagne, ni avec la Turquie, nous n'avons de traité de commerce.

Vis-à-vis de l'Allemagne, c'est, comme on sait, l'article XI du traité de Francfort qui règle la situation des deux États. Il y est dit que « les deux Gouvernements prendront pour base de leurs relations le régime du traitement réciproque sur le pied de la nation la plus favorisée. Toutefois, sont exceptées de la règle susdite les faveurs qu'une des Parties contractantes a accordées ou accordera par traité de commerce à des États autres que ceux qui suivent : l'Angleterre, la Belgique, les Pays-Bas, la Suisse, l'Autriche-Hongrie et la Russie. »

En ce qui concerne la Grande-Bretagne, il y a lieu d'insister sur ce point que, contrairement à l'opinion généralement répandue, nous n'avons pas avec ce pays de traité de commerce. Nous avons conclu avec lui, le 28 février 1882, une convention « concernant les relations commerciales et maritimes »; mais cette convention ne touche pas à la question essentielle des tarifs applicables aux importations de l'un des deux pays dans l'autre.

Ces tarifs « sont réglés, aux termes de la convention elle-même, par la législation intérieure de chacun des deux États ». En France, c'est la loi du 27 février 1882 qui a disposé que les marchandises d'origine ou de manufacture britannique seront admises au même traitement que celles des nations les plus favorisées.

Avec la Turquie également, nous n'avons plus de traité de commerce; le traité du 29 avril 1861 a cessé d'être en vigueur depuis le 13 mars 1890; mais les produits ottomans n'en continuent pas moins, conformément au vote émis le 24 mars par la Chambre des députés, à jouir du traitement de la nation la plus favorisée.

Enfin, nous n'avons plus depuis 1888 aucun lien commercial avec l'Italie.

En résumé, la dénonciation éventuelle des traités de commerce ne changera rien, au point de vue du droit international, à notre situation vis-à-vis de la Grande-Bretagne, de l'Italie et de la Turquie; elle ne peut rien y changer vis-à-vis de l'Allemagne.

Les seuls États qui puissent être directement atteints par cette dénonciation sont : la Belgique, l'Espagne, les Pays-Bas, le Portugal, la Suède et Norvège et la Suisse.

Quant à la Russie, à l'Autriche-Hongrie, à la Roumanie et à la Serbie, il ne serait même pas nécessaire de dénoncer, à leur égard, les traités ou conventions de commerce, puisque ces actes diplomatiques leur accordent simplement le traitement de la nation la plus favorisée, et que la suppression du tarif conventionnel réduirait à rien cette concession.

On remarquera, d'ailleurs, que nous nous sommes constamment placés jusqu'ici dans l'hypothèse où le Gouvernement français, après avoir dénoncé les traités de commerce actuellement existants, ne chercherait pas ou ne réussirait pas à en conclure d'autres ; mais il est bon de constater, sans vouloir se prononcer ici sur le fond de la question, que toutes les déclarations officielles dénotent chez le Gouvernement des intentions contraires, attestées d'ailleurs par ce seul fait que le projet présenté à la Chambre contient un double tarif douanier, l'un général, l'autre *minimum* et destiné précisément à devenir la base de nouveaux arrangements commerciaux. Dans ce dernier cas, il est évident qu'à l'occasion des négociations commerciales qui s'engageront, le Gouvernement sera à même de sauvegarder par des stipulations spéciales les intérêts de la propriété littéraire et artistique française à l'étranger, et les appréhensions dont le Syndicat s'est ému cesseraient, dès lors, d'avoir leur raison d'être.

2ᵉ QUESTION

Parmi les pays ayant avec la France des traités de commerce, quels sont ceux qui ont conclu avec nous des conventions littéraires susceptibles d'être dénoncées en même temps que les traités de commerce ?

Si nous passons en revue successivement et par ordre alphabétique les divers États qui ont contracté avec nous, au point de vue commercial, voici les constatations auxquelles nous arrivons :

AUTRICHE-HONGRIE. — Par l'article additionnel à la convention de commerce du 18 février 1884, la convention du 11 décembre 1866 pour la garantie réciproque de la propriété des œuvres d'esprit et d'art a été remise en vigueur « jusqu'à la conclusion de nouveaux arrangements sur la même matière. Elle peut d'ailleurs être dénoncée séparément un an à l'avance. » Comme le fait remarquer l'exposé des motifs, la convention littéraire et artistique « n'est plus solidaire de la convention de commerce et peut être dénoncée séparément un an à l'avance ».

Belgique. — La convention littéraire et artistique du 31 octobre 1881 a même date et même durée que notre traité de commerce avec ce pays. Elle peut être dénoncée le 1er février prochain et cesser d'être en vigueur à partir du 1er février 1892.

Espagne. — La convention du 16 juin 1880, pour la garantie réciproque des œuvres d'esprit et d'art, a été conclue pour une durée fixe de six ans. Depuis 1886, elle ne subsiste plus que par tacite reconduction et peut être constamment dénoncée à un an d'échéance.

Pays-Bas. — La déclaration signée à la Haye, le 19 avril 1884, est un acte indépendant de la convention de commerce en date du même jour. « En attendant la conclusion d'un arrangement définitif, » elle remet en vigueur la convention du 29 mars 1855, ainsi que l'article 2 de l'arrangement supplémentaire du 27 avril 1860, et en étend le bénéfice aux œuvres musicales.

Elle est conclue pour dix années à partir de l'échange des ratifications sur la convention de commerce : elle restera donc en vigueur au moins jusqu'au 8 août 1895.

C'est ce qui ressort nettement de l'exposé des motifs, où il est dit, à propos de la durée des conventions littéraire et consulaire remises en vigueur par la déclaration de 1884, que le Gouvernement français « a tenu formellement à ne pas lier leur sort, comme précédemment, à la convention de commerce ».

Portugal. — La convention littéraire et artistique du 11 juillet 1866 avait été conclue pour une durée fixe de douze années; depuis 1878, elle ne reste en vigueur que par tacite reconduction et peut être constamment dénoncée à un an d'échéance.

Roumanie. — Pas de convention littéraire.

Russie. — Même situation, la convention du 6 avril 1861 ayant, depuis le 14 juillet 1887, cessé d'être en vigueur, par suite de la dénonciation qu'en a faite le Gouvernement russe.

Serbie. — Pas de convention littéraire. Les deux Gouvernements se sont simplement engagés, par une déclaration annexée au traité de commerce franco-serbe du 18 janvier 1883, « à négocier dans le plus bref délai possible une convention en matière de propriété littéraire et artistique ».

Suède et Norvège. — Par un article additionnel au traité de commerce du 30 décembre 1881, les H. P. C. sont convenues que, « en attendant la conclusion d'une convention spéciale, les ressortissants de chacun des pays respectifs jouiront, dans l'autre, du traitement national en ce qui concerne la propriété littéraire, artistique et industrielle ». Cet article additionnel et l'arrangement du 15 février 1884, qui n'en est que le complément, cesseraient d'être en vigueur en même temps que le traité de 1881, c'est-à-dire, en cas de dénonciation, le 1er février 1892.

Suisse. — La convention littéraire et artistique du 23 février 1882 a même date et même durée que notre traité de commerce avec ce pays. Elle peut être dénoncée le 1er février prochain et cesser d'être en vigueur à partir du 1er février 1892.

Il nous reste à dire un mot des États qui n'ont pas avec nous de traité de commerce, mais qui jouissent, à un titre quelconque, du traitement de la nation la plus favorisée.

Allemagne. — La convention littéraire et artistique du 19 avril 1883, conclue pour six années à partir de sa mise à exécution (6 novembre 1883), ne subsiste plus, depuis le 6 novembre 1889, que par l'effet de la tacite reconduction ; elle cesserait d'être en vigueur un an après sa dénonciation.

Grande-Bretagne. — Depuis la mise en vigueur de la Convention de Berne, la convention du 3 novembre 1851 et la déclaration additionnelle du 11 août 1875 ont cessé d'être en vigueur. Nous n'avons donc plus aucun arrangement littéraire spécial avec la Grande-Bretagne.

Turquie. — Il n'y a jamais eu de convention littéraire entre la France et ce pays.

Italie. — Enfin, nous ferons remarquer que, si l'Italie n'a plus avec nous de lien commercial d'aucune sorte, elle nous est unie, au point de vue littéraire et artistique, par la convention du 9 juillet 1884. Cette convention, conclue pour dix ans, est entrée en vigueur le 21 avril 1885 et restera applicable jusqu'au 21 avril 1895.

En résumé, les seuls États qui puissent trouver dans la dénonciation de leurs conventions littéraires et artistiques un moyen de représailles contre la dénonciation des traités de commerce sont : la Belgique, l'Espagne, le Portugal, la Suède et Norvège et la Suisse.

3º QUESTION

Parmi les pays ayant avec la France des traités de commerce, quels sont ceux vis-à-vis desquels la Convention d'union, signée à Berne en 1886, nous donnerait des garanties dans l'hypothèse d'une dénonciation des conventions littéraires particulières ?

L'Autriche-Hongrie, le Portugal, la Suède et Norvège n'étant pas signataires de la Convention de Berne, le jour où ces États seraient déliés des conventions particulières qui nous unissent actuellement à eux, nous n'aurions plus, à leur égard, aucune garantie diplomatique, et il ne nous resterait qu'à rechercher dans leur législation intérieure les dispositions qui pourraient sauvegarder les intérêts des auteurs et éditeurs étrangers.

Au contraire, l'Allemagne, la Belgique, l'Espagne et la Suisse, alors même qu'elles auraient dénoncé leurs conventions littéraires et artistiques avec la France, nous demeureraient encore unies par la Convention de Berne, et c'est de cette convention combinée avec les législations intérieures de ces différents États que découlerait la protection de la propriété des œuvres françaises.

Au premier abord, on peut craindre que cette protection ne soit ni fort étendue, ni fort durable. D'une part, en effet, la base générale du traité d'union est l'extension du traitement national aux œuvres étrangères, ce qui est fort insuffisant ; et, d'autre part, la Convention de Berne a un caractère essentiellement précaire.

Elle n'a pas de durée fixe : d'après son article 20, « elle demeurera en vigueur pendant un temps indéterminé, jusqu'à l'expiration d'une année à partir du jour où la dénonciation en aura été faite ; cette dénonciation ne produira, d'ailleurs, son effet qu'à l'égard du pays qui l'aura faite, la Convention restant exécutoire pour les autres pays de l'Union ».

Il faut considérer toutefois que, si l'extension du traitement national aux œuvres étrangères est le principe dominant de la Convention de Berne, ce pacte n'en renferme pas moins, sur plusieurs points et sur les plus importants, des stipulations précises et spéciales qui servent de loi internationale. Il est présumable, d'un autre côté, que, si chacun des signataires conserve, à toute époque, le droit de dénoncer la convention et de sortir de l'Union, il hésiterait beaucoup à rompre ainsi avec presque toute l'Europe, uniquement pour se dégager vis-à-vis de la France et pour chercher à exercer sur elle une pression au point de vue douanier.

Plaçons-nous successivement dans les deux hypothèses et examinons tour à tour quelles seraient pour nous les conséquences :

1° *De la substitution de la Convention de Berne aux Conventions particulières ;*

2° *De la substitution des législations particulières à la convention de Berne.*

C'est notre **quatrième question.**

Dans la première hypothèse, supposons nos conventions littéraires spéciales dénoncées par l'Allemagne, par la Bel-

gique, par l'Espagne et par la Suisse. Qu'y perdrions-nous ?
Vis-à-vis de l'Allemagne, nous perdrions : la faculté de
choisir, suivant les cas, pour l'exercice du droit de traduction
réservée, entre le délai unique de dix ans fixé par la Convention de Berne (art. 5) et le double délai de trois et six ans
établi par la convention franco-allemande (art. 10).

Nous perdrions aussi la protection accordée par ce dernier
arrangement aux romans-feuilletons, ainsi qu'aux articles de
science et d'art (art. 5).

Vis-à-vis de la Belgique, la dénonciation de la convention
du 31 octobre 1881 ne changerait rien à la situation actuelle.
En effet, l'application de cette convention, comme celle de
la Convention de Berne en Belgique, est tout entière dominée
par les articles 1er et 38 de la loi du 22 mars 1886, sur le
droit d'auteur.

L'article 1er porte que : « l'auteur d'une œuvre littéraire
ou artistique a seul le droit de la reproduire ou d'en auto-
riser la reproduction, de quelque manière ou sous quelque
forme que ce soit ».

L'article 38 dispose que « les étrangers jouissent en Belgique des droits garantis par la présente loi », pendant la durée
fixée par la législation belge, en tant que cette durée ne dé-
passe pas celle de leurs droits dans le pays d'origine. Ces
deux articles, qui n'exigent même pas de réciprocité, nous
donnent toute la protection désirable en cas de dénonciation
de la convention franco-belge.

En Espagne également, les avantages que nous assure la
convention de 1880 nous seraient continués, en cas de dénonciation de cet acte, par l'application de la Convention de
Berne, combinée avec celle de la loi espagnole du 10 janvier
1879. Cette loi accorde, en effet, aux auteurs une protection
aussi complète que possible, et, par son article 50, elle étend
le bénéfice de ses dispositions aux étrangers ; mais elle exige
la réciprocité, et, d'autre part, les articles 33 à 37 imposent
l'obligation du dépôt et de l'enregistrement aux auteurs,
soit espagnols, soit étrangers. La première condition, celle

de la réciprocité, est remplie par nous ; la Convention de Berne nous dispense de la seconde, puisqu'elle exige seulement, pour établir le droit de l'auteur à la protection légale dans toute l'Union, l'accomplissement des formalités requises dans son pays d'origine pour la constatation de son droit.

A l'égard de la Suisse, la dénonciation de la convention du 23 février 1882 laisserait les auteurs d'œuvres musicales sans défense contre l'exécution publique de ces œuvres, toutes les fois qu'ils n'auraient pas eu la précaution de se réserver leur droit par déclaration expresse sur le titre ou en tête de l'ouvrage (art. 9 de la Convention de Berne), et que l'exécution en serait faite dans le but de lucre (art. 11, § 10 de la loi suisse du 23 avril 1883); elle ne conserverait aux œuvres dramatiques que la garantie très insuffisante des lois fédérales; il est vrai qu'en fait l'intérêt théâtral, en Suisse, est à peu près nul.

De plus, la substitution de la Convention de Berne à la convention franco-suisse du 23 février 1882 aurait pour effet de supprimer les dispositions de l'article 7 de ce dernier acte, relatif au contrat d'édition réservée.

En dehors de cet article, on ne voit dans la convention de 1882 aucune clause qui empêche ou limite l'application du titre XIII du code fédéral des obligations sur le contrat d'éditeurs ; il semble donc qu'il soit, dès à présent, appelé à régler, en dehors de stipulations expresses intervenues entre des auteurs et des éditeurs, les intérêts respectifs de ceux-ci, absolument comme il les règlerait au lendemain de la dénonciation de la convention franco-suisse.

On doit remarquer enfin que les dispositions pénales contenues dans les articles 22 à 33 de la convention franco-suisse de 1882 diffèrent, à divers points de vue, de celles que renferment les articles 12 à 18 de la loi fédérale du 23 avril 1883.

La nouvelle loi adoucit sur certains points la répression ; elle la renforce sur d'autres. Toutefois, dans leur ensemble, les modifications sont peu considérables. On pourrait être, d'ailleurs, tenté de soutenir que, dès à présent, et en vertu des principes généraux du droit, les clauses pénales édictées par la loi fédérale de 1883 ont dû se substituer aux stipulations antérieures et provisoires de la convention franco-suisse de 1882 ; mais cette opinion n'est pas soutenable en présence des articles 17 et 34 combinés de cet acte international, d'après lesquels le remplacement de ces dispositions par celles des lois intérieures est subordonné à une dénonciation préalable qui n'a pas été effectuée.

Nous n'avons envisagé jusqu'à présent que l'hypothèse dans laquelle nos conventions littéraires et artistiques étant dénoncées, la Convention de Berne subsisterait. Examinons maintenant le cas, très improbable, où cette convention elle-même viendrait à être dénoncée par l'Allemagne, la Belgique ou l'Espagne : — nous croyons pouvoir ne pas admettre la possibilité d'une semblable dénonciation par la Suisse elle-même.

Vis-à-vis de la Belgique, sa sortie de l'Union ne nous ferait rien perdre : sa loi intérieure de 1886 nous donne toute sécurité en cas de dénonciation de la Convention de Berne, comme en cas de dénonciation de la convention franco-belge de 1881.

Il en est de même en ce qui concerne l'Espagne, sauf pourtant l'obligation du dépôt et de l'enregistrement maintenue par les articles 33 à 37 de la loi du 10 janvier 1879.

Il en est autrement vis-à-vis de l'Allemagne.

D'après l'article 61 de la loi du 11 juin 1870, concernant le droit d'éditeur sur les écrits, dessins, compositions musicales et œuvres dramatiques, et d'après l'article 20 de la loi du 9 janvier 1876 sur les œuvres des arts figuratifs, les dispositions de ces lois ne sont applicables aux ouvrages d'auteurs étrangers qu'autant que ces ouvrages paraîtront chez un éditeur ayant son établissement de commerce en Allemagne. Il en résulte que les œuvres parues à l'étranger seraient, à défaut de convention internationale, sans aucune protection contre la contrefaçon. En outre, et même pour celles qui auraient paru en Allemagne, la situation serait beaucoup moins favorable qu'aujourd'hui. En effet, la jouissance du droit exclusif de traduction serait subordonnée à la réserve explicite de ce droit et à la publication de la traduction dans un délai de six mois ou d'un an, suivant qu'il s'agirait d'une œuvre dramatique ou autre ; l'exercice du droit d'emprunt pour les chrestomathies ou les ouvrages pédagogiques serait presque illimité ; l'obligation de l'enregistrement serait imposée aux auteurs ; les œuvres musicales pourraient, à défaut de réserve expresse, être exécutées publiquement sans le consentement de l'auteur.

Il nous reste à examiner une **cinquième et dernière question :**

Quelles seraient les conséquences d'une dénonciation éventuelle de nos conventions littéraires et artistiques par ceux des États étrangers qui ne sont pas signataires de la Convention de Berne, mais qui ont avec nous des traités de commerce expirant en 1892 ?

Ces pays sont, comme nous l'avons dit plus haut, l'Autriche-Hongrie, le Portugal, la Suède et la Norvège.

Que perdrions-nous vis-à-vis de ces divers États au remplacement des conventions actuelles par l'application de leurs lois intérieures ?

Le voici en peu de mots.

AUTRICHE-HONGRIE. — La convention du 11 décembre 1866 ne nous assure, en somme, que le traitement national, moyennant l'accomplissement des formalités de l'enregistrement et la réserve explicite du droit de traduction. Ce traitement national est, d'ailleurs, fort insuffisant, puisqu'il autorise les emprunts pour chrestomathies dans une assez large mesure, ainsi que les arrangements et variations en matière musicale, et qu'il limite à un an le délai pendant lequel il doit être fait usage du droit exclusif de traduction. Or, d'après l'article 39 de la loi du 19 octobre 1846, encore en vigueur, ces garanties, si limitées il est vrai, nous seraient conservées, cet article

étendant les dispositions de là loi aux œuvres parues à l'é-
tranger dans la mesure de la réciprocité accordée aux œuvres autrichiennes par les lois étrangères.

En Hongrie, au contraire, nous perdrions les avantages
beaucoup plus considérables résultant pour nous de l'application de la loi du 4 mai 1884 combinée avec la convention
de 1866. L'article 79 de cette loi porte, en effet, qu'elle ne
sera applicable aux œuvres des auteurs étrangers qu'autant
que ces œuvres auront paru chez des éditeurs nationaux ou
que les auteurs eux-mêmes habiteront d'une façon continue
en Hongrie au moins depuis deux ans et payeront sans inter-
ruption l'impôt : la convention de 1866 nous exempte seule
de l'application de ces dispositions draconiennes.

Portugal. — La convention du 11 juillet 1866, qui régit
encore aujourd'hui nos relations littéraires et artistiques
avec le Portugal, ne nous offre, pour ainsi dire, aucun avantage, et son remplacement par les articles 570 à 612 du Code
civil portugais de 1867 nous serait même plutôt avantageux.
La convention nous garantit le traitement national, le Code
civil assimile aux auteurs portugais l'écrivain étranger dans
le pays duquel un auteur portugais est assimilé aux nationaux (art. 578). La jouissance du droit exclusif de traduction est limitée à cinq ans par la convention (art. 5); elle
dure dix ans d'après le Code portugais (art. 577). D'après
la convention, elle est subordonnée à la réserve expresse de
ce droit en tête de l'ouvrage (art. 5); le Code n'exige pas
cette réserve. Il faut, d'après la convention, que la publication de la traduction soit commencée un an et terminée trois
ans après la déclaration de l'original; d'après le Code, il suffit
que l'auteur ait commencé à exercer son droit dans les trois
ans à dater de la publication de l'original (art. 577).

Enfin la convention, par son article 9, consacre, pour les
chrestomathies et les emprunts pédagogiques, une déroga-
tion au droit de l'auteur. Le Code ne contient rien de semblable.

Suède et Norvège. — Le droit international ne nous

assure vis-à-vis de ces deux pays d'autre avantage que le traitement national. Ce traitement pourrait nous être conservé, en vertu des lois suédoises et norvégiennes, par ordonnances royales, sous condition de réciprocité.

Il est temps de conclure.

D'après ce qui vient d'être dit, notre situation, dans l'hypothèse d'une dénonciation générale des traités de commerce, serait la suivante, au point de vue de la garantie de la propriété littéraire et artistique.

Rien à craindre de l'Angleterre, avec qui nous n'avons plus ni traité de commerce, ni convention littéraire spéciale.

Rien à craindre de l'Italie ni des Pays-Bas, avec lesquels nous avons des conventions littéraires destinées à rester en vigueur jusqu'en 1895.

Rien à craindre non plus de la Belgique, ni de l'Espagne, dont les lois intérieures nous garantissent d'avance la plus large protection, sauf, en ce qui concerne l'Espagne, la question de dépôt et d'enregistrement.

Rien à craindre de la Roumanie, de la Russie et de la Serbie, avec lesquelles nous n'avons pas de conventions littéraires.

Restent :

Le *Portugal*, dont la loi intérieure nous offre des garanties au moins égales à celles résultant de la convention de 1866 ;

La *Suède* et la *Norvège*, où nos droits pourraient être réduits à rien, mais qui ne nous accordent, dès à présent, que des avantages à peu près insignifiants ;

L'*Autriche*, vis-à-vis de laquelle la situation est la même que vis-à-vis du Portugal.

La *Hongrie*, dont la loi intérieure nous expose à toutes les spoliations, si la convention de 1866 est dénoncée, mais dont la dénonciation de la convention de commerce de 1884 ne changerait pas, en droit, la situation au point de vue commercial, vis-à-vis de la France.

La *Suisse*, qui ne dénoncera évidemment pas la Convention de Berne, et dont la législation intérieure, combinée avec le pacte d'union, nous donne des garanties presque identiques à celles de la convention de 1882.

Enfin, l'*Allemagne,* qui pourrait réduire à rien la protection accordée aux auteurs français, dans le cas où elle sortirait de l'Union de Berne, mais qui a trop de motifs de rester dans cette Union, au point de vue des intérêts de sa littérature, pour qu'une semblable éventualité soit à redouter. On ajoutera que l'Allemagne n'a pas avec nous de traité de commerce pouvant être dénoncé en 1892 et que ses tarifs protectionnistes lui ôtent tout droit de protester contre le relèvement des nôtres.

Il résulte de cet examen que la menace d'une dénonciation des conventions littéraires et artistiques est probablement un moyen d'intimidation employé par certains États pour nous détourner de dénoncer les traités de commerce de 1881-1882 ; mais, en y regardant de près, on reconnaît qu'il n'y a pas beaucoup à craindre de la réalisation de cette menace, aussi longtemps que subsistera l'Union de Berne, dont le maintien n'est pas en question.

Peut-être, d'ailleurs, serait-il possible de donner une satisfaction partielle aux réclamations des Puissances étrangères, en effaçant du projet de tarif général des douanes les droits de 15 et de 12 francs les 100 kilos que l'on propose d'établir sur les livres en langue française imprimés à l'étranger.

. Cette disposition, absolument insolite et contraire aux idées de diffusion intellectuelle qui dominent actuellement dans le monde civilisé, est de nature à discréditer sans profit sérieux notre œuvre de transformation économique et à servir de prétexte à des gouvernements mal disposés pour prendre à notre égard des mesures de rétorsion qui pourraient, sinon léser gravement, du moins inquiéter les intérêts littéraires et artistiques que nous avons à cœur de sauvegarder.

R. LAVOLLÉE.

PARIS

IMPRIMERIE DE D. DUMOULIN ET Cie

5, rue des Grands-Augustins, 5

www.ingramcontent.com/pod-product-compliance
Ingram Content Group UK Ltd.
Pitfield, Milton Keynes, MK11 3LW, UK
UKHW022253070726
13613UKWH00005B/2259